Besos En Poesia

Por José Daniel Martínez Peña

ISBN: 9798332573293

Primera Edición: Julio,2024

Besos en Poesía

Eres Mi Verso

En la quietud de la noche, tus ojos son estrellas,
brillando en el cielo de mis sueños, tan bellas.
Tu sonrisa, un susurro que acaricia mi alma,
una melodía dulce que me trae la calma.

Eres el poema que mi corazón recita,
cada palabra tuya, una caricia infinita.
En cada latido, en cada suspiro,
te encuentro a ti, mi amor, mi único delirio.

Tu amor es un refugio, un jardín secreto,
donde florecen besos y abrazos en cada rincón discreto.
Eres el sol que ilumina mis días grises,
la luna que guía mis noches, con sus matices.

Si pudiera escribir un libro sobre nuestro amor,
serían páginas llenas de pasión y fervor.
Un canto eterno a tu belleza y dulzura,
una historia de amor, nuestra propia aventura.

Eres mi verso, mi rima perfecta,
en la poesía de mi vida, eres la línea recta.
Te amo más allá de las palabras y el tiempo,
en cada poema, en cada momento.

Eres mi musa, la inspiración de mi arte,
la chispa que enciende la llama en cada parte.
En tus brazos encuentro mi hogar, mi destino,
contigo, amor mío, todo tiene sentido.

Suspiros de Amor

En la aurora de mis pensamientos, eres mi primer destello,
la luz que ilumina mis días, mi amor tan bello.
Tus ojos, dos luceros que guían mi camino,
en el laberinto de la vida, eres mi destino.

Tus palabras, suaves como el viento de verano,
acarician mi alma, un toque tan humano.
En tus brazos encuentro refugio y consuelo,
un abrazo tuyo me lleva al cielo.

Eres la flor que florece en mi jardín de sueños,
cada pétalo tuyo, un deseo pequeño.
Tus besos, dulces como miel en primavera,
me llenan de vida, eres mi quimera.

Tu amor es un río que fluye sin cesar,
en sus aguas me pierdo, no quiero regresar.
Eres mi verso escondido en cada línea,
en cada rima, en cada melodía divina.

Si pudiera capturar tu esencia en un frasco,
sería mi tesoro, un amor sin rasgo.
Eres el susurro en la noche estrellada,
la brisa que calma mi alma cansada.

En tu sonrisa veo el reflejo de mi felicidad,
contigo, amor mío, siento la eternidad.
Eres mi inspiración, mi dulce musa,
en este poema, eres la excusa.

Te amo más allá de lo que las palabras pueden decir,
en cada suspiro, en cada latido, te quiero sentir.

Entre Tus Brazos

En el silencio de la noche, tus abrazos son mi refugio,
un santuario donde encuentro paz y alivio.
Tu mirada, un faro que ilumina mi sendero,
en tus ojos encuentro mi mundo entero.

Eres el verso que mi corazón susurra al viento,
cada palabra tuya es un beso, un aliento.
En cada latido, en cada suspiro profundo,
te encuentro a ti, mi amor, mi único mundo.

Tu amor es un jardín donde florecen nuestros sueños,
cada caricia tuya, un poema que creamos con empeño.
Eres el sol que derrite mis miedos y mis sombras,
la luna que me guía en las noches más largas.

Si pudiera escribir en las estrellas nuestra historia,
serían constelaciones llenas de gloria.
Un libro de amor, con capítulos de ternura y pasión,
una melodía eterna, nuestra canción.

Eres mi canción preferida, mi melodía perfecta,
en la partitura de mi vida, eres la nota completa.
Te amo más allá del tiempo y las palabras,
en cada verso, en cada página, en cada obra plasmada.

Eres mi canción preferida, mi melodía perfecta,

en la partitura de mi vida, eres la nota completa.

Te amo más allá del tiempo y las palabras,

en cada verso, en cada página, en cada obra plasmada.

Sueño Contigo

En el susurro del viento, encuentro tu voz,
una melodía suave que acaricia mi alma, mi razón.
Tus ojos, dos luceros que iluminan mi camino,
en cada mirada tuya, encuentro mi destino.

Eres el poema que mi corazón escribe cada noche,
cada verso tuyo, una caricia que me roza y me embriaga.
En cada latido, en cada suspiro profundo,
te siento a ti, mi amor, mi alivio en este mundo.

Tu amor es un santuario donde encuentro mi paz,
cada abrazo tuyo, un refugio que me llena de solaz.
Eres el sol que despeja mis nubes y mis sombras,
la luna que me guía en las noches frías y sombrías.

Si pudiera pintar en el cielo nuestra historia,
serían colores brillantes, una aurora de gloria.
Un libro de amor, con páginas llenas de pasión y ternura,
una melodía eterna, nuestra canción más pura.

Eres mi melodía favorita, mi canción sin final,
en el pentagrama de mi vida, eres el compás ideal.
Te amo más allá de las palabras y los tiempos,
en cada verso, en cada página, en cada momento.

En tus brazos encuentro la calma que anhelo,
cada caricia tuya, un sueño hecho en cielo.

En tu sonrisa, veo el amanecer de un nuevo día,
un amor que nunca se desvanece, que siempre guía.

En tus abrazos encuentro el hogar que siempre busqué,
cada caricia tuya, un susurro del amor que floreció en la
piel.

El Eco de Tu Amor

En el silencio de la noche, resuena tu risa como un eco
suave,
una melodía que acaricia mi alma y me envuelve en suave
oleaje.
Tus ojos, dos faros que guían mis sueños hacia ti,
en cada mirada encuentro la promesa de un amor sin fin.

Eres el poema que mi corazón escribe en las estrellas,
cada palabra tuya, una nota que resuena en mi ser.
En cada latido, en cada suspiro profundo,
te encuentro a ti, mi amor, mi universo entero en este
mundo.

Tu amor es un jardín secreto donde florecen nuestros
anhelos,
cada beso tuyo, una historia que cuentan los pétalos del
viento.
Eres el sol que ilumina mis días grises y mis noches
oscuras,
la luna que me arrulla en sus brazos con ternura pura.

Si pudiera tejer en el cielo nuestra historia,
serían constelaciones brillantes, un destino lleno de gloria.
Un libro de amor, con capítulos de pasión y ternura,
una sinfonía eterna, nuestra canción más pura.

Eres mi melodía favorita, mi inspiración constante,
en la partitura de mi vida, eres el acorde resonante.
Te amo más allá de las palabras y los momentos,
en cada verso, en cada página, en cada aliento.

Destino de Amor

En el susurro del viento, se escucha tu risa,
un eco suave que me envuelve y me hechiza.
Tus ojos, dos estrellas que guían mi camino,
en cada mirada encuentro mi destino.

Eres el poema que mi corazón escribe al amanecer,
cada palabra tuya, un verso que quiero proteger.
En cada latido, en cada suspiro profundo,
te siento a ti, mi amor, mi paz en este mundo.

Tu amor es un jardín secreto donde crecen nuestras
ilusiones,
cada beso tuyo, una promesa de emociones.
Eres el sol que ilumina mis días grises y mis noches frías,
la luna que me acompaña en nuestras travesías.

Si pudiera escribir en el cielo nuestra historia,
serían estrellas brillantes, una eterna gloria.
Un libro de amor, con capítulos de pasión y dulzura,
una melodía eterna, nuestra eterna aventura.

Eres mi canción preferida, mi melodía sin final,
en la partitura de mi vida, eres el acorde especial.
Te amo más allá de las palabras y los días,
en cada verso, en cada página, en cada melodía.

En tus brazos encuentro el refugio que anhelé,
cada caricia tuya, un sueño hecho realidad.
En tu sonrisa, veo el amanecer de un nuevo día,
un amor que es eterno, como la luz del sol al mediodía.

Susurros de Amor

En la suavidad del amanecer, tu voz es un susurro,
una melodía que acaricia mi alma y la llena de ardor.
Tus ojos, dos luceros que iluminan mi sendero,
en cada mirada encuentro el amor más sincero.

Eres el poema que mi corazón escribe al atardecer,
cada palabra tuya, un verso que quiero aprender.
En cada latido, en cada suspiro profundo,
te encuentro a ti, mi amor, mi todo en este mundo.

Tu amor es un jardín donde florecen nuestros sueños,
cada caricia tuya, un poema que creamos con empeño.
Eres el sol que disipa mis temores y mis penas,
la luna que me acompaña en las noches serenas.

Si pudiera pintar en el cielo nuestra historia,
serían colores brillantes, una eterna victoria.
Un libro de amor, con páginas llenas de pasión y ternura,
una canción eterna, nuestra eterna aventura.

Eres mi melodía favorita, mi inspiración constante,
en la partitura de mi vida, eres el compás vibrante.
Te amo más allá de las palabras y los momentos,
en cada verso, en cada página, en cada sentimiento.

En tus brazos encuentro la calma que siempre busqué,
cada caricia tuya, un regalo del amor que merecí.
En tu sonrisa, veo el amanecer de un nuevo día,
un amor que es eterno, como la luz del sol en pleno día.

Sueño de Romance

En el resplandor del alba, tu mirada es mi estrella,
un destello que ilumina mi senda, tan bella.
Tus labios, dulces como el néctar del amor,
cada beso tuyo es un verso que se eleva con fervor.

Eres el sueño que habita en mi corazón,
cada latido tuyo es mi canción.
En cada suspiro, en cada susurro ardiente,
te siento a ti, mi amor, mi eterno confidente.

Tu amor es un castillo donde guardo mis deseos,
cada caricia tuya es un poema que escribo con anhelos.
Eres el sol que despierta mis días con pasión,
la luna que me arrulla en las noches con devoción.

Si pudiera pintar en el lienzo de nuestras vidas,
sería un mural de promesas cumplidas.
Un libro de romance, con páginas de ternura y ardor,
una melodía perpetua, nuestro eterno amor.

Eres mi melodía predilecta, mi musa constante,
en el pentagrama de mi vida, eres la nota vibrante.
Te amo más allá de las palabras y los tiempos,
en cada verso, en cada prosa, en cada momento.

En tus brazos encuentro el refugio que siempre anhelé,
cada abrazo tuyo, un tesoro que atesoro con fe.
En tu sonrisa, veo el amanecer de un nuevo día,
un romance que florece en nuestra algarabía.

Profundo Amor

En lo más hondo de mi ser, tu amor reposa como un tesoro,
un fuego que arde sin cesar, un lazo eterno.
Tus ojos, dos espejos que reflejan mi alma desnuda,
en cada mirada encuentro la verdad más cruda.

Eres el eco que resuena en mis pensamientos,
cada palabra tuya, un susurro que calma mis tormentos.
En cada latido, en cada suspiro que se escapa,
te siento a ti, mi amor, mi compañero que no se apaga.

Tu amor es un océano donde navego sin miedo,
cada caricia tuya, una ola que me lleva al cielo.
Eres el sol que ilumina mis días más oscuros,
la luna que me guía en los senderos más duros.

Si pudiera escribir en el firmamento nuestro destino,
serían estrellas brillantes, un universo divino.
Un libro de amor, con capítulos de entrega y pasión,
una melodía eterna, nuestra canción.

Eres mi refugio en la tempestad, mi puerto seguro,
en la partitura de mi vida, eres el acorde puro.
Te amo más allá de las palabras y los momentos,
en cada verso, en cada línea, en cada sentimiento.

En tus abrazos encuentro la paz que busqué,
cada beso tuyo, un regalo del amor que merecí.
En tu sonrisa, veo el amanecer de un nuevo día,
un amor que es eterno, como el tiempo que no se guía.

Eterno Amor

En el silencio de nuestras miradas, se dibuja nuestro
destino,
un camino de amor que recorremos juntos, sin desatino.
Tus ojos, dos faros que guían mi corazón perdido,
en cada destello encuentro el amor que siempre he querido.

Eres la melodía que resuena en mi ser,
cada nota tuya, un suspiro que me hace renacer.
En cada latido, en cada suspiro que se escapa,
te encuentro a ti, mi amor, mi luz, mi eterna llama.

Tu amor es un universo donde mis sueños se hacen
realidad,
cada caricia tuya, una caricia que calma mi ansiedad.
Eres el sol que ilumina mis días más oscuros,
la luna que me susurra secretos en susurros.

Si pudiera plasmar en las estrellas nuestra historia,
serían constelaciones brillantes, una eterna gloria.
Un libro de amor, con páginas llenas de pasión y dulzura,
una sinfonía eterna, nuestra eterna aventura.

Eres mi canción favorita, mi melodía sin final,
en la partitura de mi vida, eres el acorde principal.

Te amo más allá de las palabras y los momentos,
en cada verso, en cada página, en cada sentimiento.

En tus brazos encuentro la calma que siempre anhelé,
cada abrazo tuyo, un refugio donde quiero quedarme.
En tu sonrisa, veo el amanecer de un nuevo día,
un amor que es eterno, como el sol en su pleno día.

En el Abismo de Tu Mirada

En el abismo de tu mirada, encuentro mi paz perdida,
un océano de amor donde mi alma se reconstruye herida.
Tus ojos, dos faros que guían mis pasos en la oscuridad,
en cada destello encuentro la luz que da claridad.

Eres la canción que mi corazón canta en silencio,
cada nota tuya, una melodía que me llena de aliento.
En cada latido, en cada suspiro que se desvanece,
te siento a ti, mi amor, mi ancla en este mundo que
enloquece.

Tu amor es un laberinto donde encuentro mi verdad,
cada caricia tuya, un sendero que me lleva a la eternidad.
Eres el sol que ilumina mis días más sombríos,
la luna que me acompaña en mis sueños más fríos.

Si pudiera escribir en el firmamento nuestra historia,
serían estrellas fugaces, destellos de nuestra gloria.
Un libro de amor, con capítulos de entrega y pasión,
una sinfonía eterna, nuestra canción.

Eres mi refugio en la tormenta, mi puerto seguro,
en la partitura de mi vida, eres el acorde puro.

Te amo más allá de las palabras y los momentos,
en cada verso, en cada línea, en cada sentimiento.

En tus abrazos encuentro el abrigo que siempre necesité,
cada beso tuyo, un pacto de amor que no se desvanece.
En tu sonrisa, veo el amanecer de un nuevo día,
un amor que es eterno, como la eternidad que no se guía.

Bajo el Manto de Tus Besos

Bajo el manto de tus besos, encuentro mi paz y mi razón de
ser, un refugio donde el tiempo se detiene y solo existe
nuestro querer. Tus labios, como versos escritos en el libro
de mi destino, en cada beso encuentro la melodía que une
nuestro camino.

Eres la esencia que da sentido a mis días y mis noches,
cada palabra tuya es un eco que resuena en mis derroches.
En cada latido, en cada suspiro que escapa de mi ser, te
siento a ti, mi amor, mi eterno amanecer.

Tu amor es un universo donde perdemos el rumbo con
pasión, cada caricia tuya es un verso que escribe nuestro
corazón. Eres el sol que ilumina mis sueños más profundos,
la luna que me acompaña en mis momentos más rotundos.

Si pudiera pintar en el cielo nuestra historia y destino,
serían estrellas brillantes que anuncian nuestro camino. Un
libro de amor, con páginas llenas de pasión y ternura, una
sinfonía eterna, nuestra canción pura.

Eres mi canción favorita, mi melodía en la tormenta, en la
partitura de mi vida, eres la armonía que enfrenta. Te amo

más allá de las palabras y los momentos vividos, en cada
verso, en cada línea, en cada suspiro compartido.

En tus brazos encuentro el refugio donde mi alma se
reposa, cada abrazo tuyo, una promesa de amor que nunca
se borra. En tu sonrisa, veo el amanecer de un nuevo día,
un amor que es eterno, como el sol en su plena armonía.

En el Eco de Tu Silencio

En el eco de tu silencio, encuentro el susurro de tu alma, un
universo de emociones donde mi corazón se calma. Tus
ojos, dos faros que guían mis sueños hacia ti, en cada
mirada encuentro el amor que me hace vivir.

Eres el poema que mi corazón escribe con cada latido, cada
palabra tuya es un verso que nunca olvido. En cada latido,
en cada suspiro que susurra el viento, te siento a ti, mi
amor, mi eterno sentimiento.

Tu amor es un refugio donde encuentro mi verdadera voz,
cada caricia tuya es un susurro que calma mi tempestad
atroz. Eres el sol que ilumina mis días más oscuros, la luna
que me acompaña en los sueños más puros.

Si pudiera escribir en el cielo nuestra historia y destino,
serían estrellas que brillan en el firmamento divino. Un
libro de amor, con páginas llenas de pasión y ternura, una
melodía eterna, nuestra canción más pura.

Eres mi inspiración en el lienzo de la vida y su misterio, en
la partitura de mi existencia, eres el acorde sincero. Te amo

más allá de las palabras y los momentos vividos, en cada verso, en cada página, en cada recuerdo compartido.

En tus abrazos encuentro la fortaleza que nunca imaginé, cada beso tuyo, una promesa de amor que siempre guardé. En tu sonrisa, veo el amanecer de un nuevo día, un amor que es eterno, como la luz del sol en plena armonía.

La Esencia de Tu Amor

En la esencia de tu amor encuentro mi razón de ser, un eco que resuena en mi alma, un susurro que me hace creer. Tus ojos, dos joyas que brillan con luz propia, en cada mirada encuentro la paz que mi corazón anhela.

Eres el poema que mi corazón escribe en las estrellas, cada palabra tuya, un verso que me eleva entre ellas. En cada latido, en cada suspiro que escapa de mí, te siento a ti, mi amor, mi razón para seguir.

Tu amor es un jardín donde florecen nuestros sueños, cada caricia tuya, un pétalo que se une en nuestros empeños. Eres el sol que ilumina mis días con su luz dorada, la luna que me acompaña en las noches serenadas.

Si pudiera pintar en el lienzo de nuestras vidas, serían colores vivos, una obra maestra compartida. Un libro de amor, con páginas llenas de pasión y ternura, una melodía eterna, nuestra canción que perdura.

Eres mi inspiración en el lienzo del tiempo y su poesía, en la partitura de mi existencia, eres la armonía. Te amo más allá de las palabras y los momentos efímeros, en cada verso, en cada página, en cada recuerdo sincero.

En tus abrazos encuentro el abrigo que siempre soñé, cada beso tuyo, un sueño hecho realidad que merecí. En tu sonrisa, veo el amanecer de un nuevo día, un amor que es eterno, como la esencia misma de la vida.

En Tus Manos

En tus manos encuentro el universo entero, un abrazo que me envuelve y me llena de anhelo. Tus dedos, como hilos que tejen mi destino, en cada caricia encuentro el amor genuino.

Eres el susurro que acaricia mi alma en la noche, cada palabra tuya, un eco que me conmueve y me embriaga. En cada latido, en cada suspiro que se escapa, te siento a ti, mi amor, mi paz y mi calma.

Tu amor es un océano donde me pierdo y me encuentro, cada beso tuyo, un sueño que vivo y que siento. Eres el sol que ilumina mis días con su brillo, la luna que me acompaña en mis sueños tranquilos.

Si pudiera escribir en el cielo nuestro amor brillante, serían estrellas que relucen como diamantes. Un libro de amor, con páginas llenas de ternura y pasión, una sinfonía eterna, nuestra eterna canción.

Eres mi inspiración en la melodía de la vida y su danza, en la partitura de mi existencia, eres la esperanza. Te amo más allá de las palabras y los momentos vividos, en cada verso, en cada línea, en cada recuerdo compartido.

En tus abrazos encuentro el refugio que siempre soñé, cada abrazo tuyo, un lazo que me ata y me libera a la vez. En tu sonrisa, veo el amanecer de un nuevo día, un amor que es eterno, como la promesa de la vida.

Enamorado de Ti

En el brillo de tus ojos, encuentro mi universo, un cielo estrellado donde perdemos el reverso. Tus manos, como la brisa que acaricia mi ser, en cada roce encuentro el amor que quiero tener.

Eres el verso que mi corazón recita al amanecer, cada palabra tuya, una melodía que me hace florecer. En cada latido, en cada suspiro que se escapa, te siento a ti, mi amor, mi guía en esta maraña.

Tu amor es un laberinto donde encuentro mi verdad, cada caricia tuya, un sendero que me lleva a la eternidad. Eres el sol que ilumina mis días con su luz dorada, la luna que me acompaña en las noches serenadas.

Si pudiera pintar en el lienzo de nuestras vidas, serían colores vivos, una obra maestra compartida. Un libro de amor, con páginas llenas de pasión y ternura, una sinfonía eterna, nuestra melodía pura.

Eres mi inspiración en la partitura de la vida y su alegría, en cada verso, en cada página, en cada nueva armonía. Te amo más allá de las palabras y los momentos efímeros, en cada beso, en cada abrazo, en cada recuerdo sincero.

En tus brazos encuentro el refugio que siempre soñé, cada gesto tuyo, un reflejo de amor que merecí. En tu sonrisa, veo el amanecer de un nuevo día, un amor que es eterno, como la esencia misma de la vida.

Amor Infinito

En el murmullo de la noche, escucho tu voz clara, un susurro dulce que mi corazón embriaga. Tus ojos, dos ventanas al alma más profunda, en cada mirada tuya, mi ser se inunda.

Eres el verso que mi alma anhela escribir, cada palabra tuya, un motivo para vivir. En cada latido, en cada suspiro que se escapa, te siento a ti, mi amor, mi dulce y eterna flama.

Tu amor es un río donde mis sueños navegan, cada caricia tuya, una brisa que mi piel anhela. Eres el sol que ilumina mis mañanas frías, la luna que me acompaña en mis noches sombrías.

Si pudiera escribir en las estrellas nuestro destino, serían constelaciones que brillan en el cielo divino. Un libro de amor, con páginas llenas de pasión y ternura, una sinfonía eterna, nuestra dulce aventura.

Eres mi refugio en los días de tormenta, mi sol y mi luna, mi amor que alimenta. Te amo más allá de las palabras y los momentos, en cada verso, en cada línea, en cada sentimiento.

En tus brazos encuentro el hogar que siempre busqué, cada beso tuyo, un susurro que nunca olvidé. En tu sonrisa, veo el amanecer de un nuevo día, un amor que es eterno, como la esencia de la alegría.

Amor sin Fin

En el susurro del alba, escucho tu nombre, un canto suave que me envuelve y me asombra. Tus ojos, dos luceros que iluminan mi vida, en cada mirada tuya, mi alma se siente querida.

Eres el poema que mi corazón escribe cada día, cada palabra tuya, una rima que me llena de alegría. En cada latido, en cada suspiro profundo, te siento a ti, mi amor, mi razón en este mundo.

Tu amor es un mar donde mis sueños navegan libres, cada caricia tuya, una ola que mis ansias describe. Eres el sol que ilumina mis mañanas frías, la luna que me guía en mis noches sombrías.

Si pudiera pintar en el cielo nuestro amor eterno, serían estrellas que brillan con resplandor interno. Un libro de amor, con páginas llenas de pasión y dulzura, una sinfonía eterna, nuestra melodía pura.

Eres mi refugio en la tormenta, mi faro en la oscuridad, en la partitura de mi vida, eres la nota de claridad. Te amo más allá de las palabras y los momentos, en cada verso, en cada línea, en cada sentimiento.

En tus brazos encuentro el abrigo que siempre soñé, cada beso tuyo, un sueño que jamás olvidé. En tu sonrisa, veo el amanecer de un nuevo día, un amor que es eterno, como la esencia misma de la vida.

Bajo la Luz de Tus Ojos

Bajo la luz de tus ojos, encuentro mi camino, un sendero de amor que recorro con tu destino. Tus manos, suaves como la seda más fina, en cada toque, el amor florece y no declina.

Eres la melodía que mi corazón canta en secreto, cada nota tuya, un eco que nunca olvido. En cada latido, en cada suspiro que susurra el viento, te siento a ti, mi amor, mi eterno pensamiento.

Tu amor es un refugio donde hallo mi paz, cada caricia tuya, un rayo de sol que me abraza sin más. Eres el sol que ilumina mis días con su brillo, la luna que me acompaña en mis sueños tranquilos.

Si pudiera dibujar en el cielo nuestra historia, serían estrellas brillantes que cuentan nuestra gloria. Un libro de amor, con páginas llenas de pasión y ternura, una melodía eterna, nuestra canción pura.

Eres mi inspiración en la partitura de la vida, en cada verso, en cada línea, en cada nueva avenida. Te amo más allá de las palabras y los momentos vividos, en cada beso, en cada abrazo, en cada recuerdo compartido.

En tus brazos encuentro el refugio que siempre soñé, cada gesto tuyo, un reflejo de amor que nunca olvidé. En tu sonrisa, veo el amanecer de un nuevo día, un amor que es eterno, como la luz de la armonía.

Amor sin Fin

En el susurro del alba, escucho tu nombre, un canto suave que me envuelve y me asombra. Tus ojos, dos luceros que iluminan mi vida, en cada mirada tuya, mi alma se siente querida.

Eres el poema que mi corazón escribe cada día, cada palabra tuya, una rima que me llena de alegría. En cada latido, en cada suspiro profundo, te siento a ti, mi amor, mi razón en este mundo.

Tu amor es un mar donde mis sueños navegan libres, cada caricia tuya, una ola que mis ansias describe. Eres el sol que ilumina mis mañanas frías, la luna que me guía en mis noches sombrías.

Si pudiera pintar en el cielo nuestro amor eterno, serían estrellas que brillan con resplandor interno. Un libro de amor, con páginas llenas de pasión y dulzura, una sinfonía eterna, nuestra melodía pura.

Eres mi refugio en la tormenta, mi faro en la oscuridad, en
la partitura de mi vida, eres la nota de claridad. Te amo más
allá de las palabras y los momentos, en cada verso, en cada
línea, en cada sentimiento.

En tus brazos encuentro el abrigo que siempre soñé, cada
beso tuyo, un sueño que jamás olvidé. En tu sonrisa, veo el
amanecer de un nuevo día, un amor que es eterno, como la
esencia misma de la vida.

Esperanza en Tus Ojos

En tus ojos veo un futuro brillante,
un amor eterno, una luz constante.
Tus manos suaves me guían en la noche,
en cada caricia, mi corazón se desbrocha.

Eres mi esperanza en días de tormenta,
cada beso tuyo, una promesa que alimenta.
En cada latido, en cada suspiro sentido,
te encuentro a ti, mi amor, mi refugio querido.

Tu amor es un faro en la oscuridad,
una promesa de alegría y serenidad.
Eres la melodía que mi alma canta,
cada palabra tuya, una rima que encanta.

En cada amanecer, tu amor me despierta,

una esperanza nueva que mi alma liberta.
Tus abrazos cálidos son mi fortaleza,
en cada gesto tuyo, encuentro mi certeza.

Eres la esperanza que me guía en el camino,
cada sonrisa tuya, un rayo divino.
Te amo más allá de las palabras y el tiempo,
en cada verso, en cada momento.

Si pudiera escribir en las estrellas nuestro destino,
serían constelaciones brillando en el cielo divino.

Amor y Esperanza

En cada amanecer, tu amor me despierta,
una esperanza nueva que mi alma liberta.
Tus abrazos cálidos son mi fortaleza,
en cada gesto tuyo, encuentro mi certeza.

Eres la esperanza que me guía en el camino,
cada sonrisa tuya, un rayo divino.
Te amo más allá de las palabras y el tiempo,
en cada verso, en cada momento.

Tu amor es un refugio, mi sol y mi luna,
una esperanza eterna que siempre me acuna.
Tus manos, como alas que me llevan al cielo,
en cada caricia tuya, encuentro mi anhelo.

Eres la melodía que mi alma canta sin cesar,
cada palabra tuya, un verso que me hace soñar.
Te amo más allá de las palabras y los momentos,
en cada beso, en cada abrazo, en cada sentimiento.

En la quietud de la noche, tu amor es mi guía,
una promesa de esperanza que siempre me envía.
Tus ojos, dos estrellas que iluminan mi sendero,
en cada mirada tuya, encuentro mi lucero.

Promesa de Amor

En la quietud de la noche, tu amor es mi guía,
una promesa de esperanza que siempre me envía.
Tus ojos, dos estrellas que iluminan mi sendero,
en cada mirada tuya, encuentro mi lucero.

Eres el verso que mi corazón ansía escribir,
cada palabra tuya, un susurro que me hace vivir.
En cada latido, en cada suspiro profundo,
te siento a ti, mi amor, mi refugio en este mundo.

Tu amor es un oasis donde mis sueños florecen,
cada caricia tuya, un beso que mi ser estremece.
Eres el sol que ilumina mis días con su brillo,
la luna que me acompaña en mis sueños tranquilos.

Si pudiera grabar en el cielo nuestra historia,
serían estrellas que brillan con inmensa gloria.
Un libro de amor, con páginas llenas de pasión y
ternura,
una melodía eterna, nuestra sinfonía pura.

Eres mi refugio en la tormenta, mi faro en la
oscuridad,
en la partitura de mi vida, eres la nota de claridad.
Te amo más allá de las palabras y los momentos,

Esperanza Eterna

Tu amor es mi refugio, mi sol y mi luna,
una esperanza eterna que siempre me acuna.
Tus manos, como alas que me llevan al cielo,
en cada caricia tuya, encuentro mi anhelo.

Eres la melodía que mi alma canta sin cesar,
cada palabra tuya, un verso que me hace soñar.
Te amo más allá de las palabras y los momentos,
en cada beso, en cada abrazo, en cada sentimiento.

En tus ojos, veo un futuro brillante,
un amor eterno, una luz constante.
Tus manos suaves me guían en la noche,

en cada caricia, mi corazón se desbrocha.

Eres mi esperanza en días de tormenta,
cada beso tuyo, una promesa que alimenta.
En cada latido, en cada suspiro sentido,
te encuentro a ti, mi amor, mi refugio querido.

Si pudiera escribir en las estrellas nuestro destino,
serían constelaciones brillando en el cielo divino.
Un libro de amor, con páginas llenas de pasión y
dulzura,
una sinfonía eterna, nuestra melodía pura.
En tus brazos encuentro el hogar que siempre soñé,

Amor que Inspira

En el susurro del viento, siento tu amor cercano,
una esperanza dulce que me toma de la mano.
Tus ojos, dos luceros que iluminan mi vida,
en cada mirada tuya, mi alma se siente querida.

Eres el poema que mi corazón desea escribir,
cada palabra tuya, un motivo para existir.
En cada latido, en cada suspiro sentido,
te encuentro a ti, mi amor, mi refugio querido.

Tu amor es un faro en la oscuridad,
una promesa de alegría y serenidad.

Eres la melodía que mi alma canta,
cada palabra tuya, una rima que encanta.

En cada amanecer, tu amor me despierta,
una esperanza nueva que mi alma liberta.
Tus abrazos cálidos son mi fortaleza,
en cada gesto tuyo, encuentro mi certeza.

Si pudiera escribir en las estrellas nuestro destino,
serían constelaciones brillando en el cielo divino.
Un libro de amor, con páginas llenas de pasión y
dulzura,
una sinfonía eterna, nuestra melodía pura.

Renacer en Tu Amor

Cada amanecer trae la promesa de tu amor,
una esperanza nueva que llena mi corazón.
Tus manos, como la brisa que acaricia mi ser,
en cada roce tuyo, mi alma empieza a renacer.

Eres la esperanza que me guía en el camino,
cada sonrisa tuya, un rayo divino.
Te amo más allá de las palabras y el tiempo,
en cada verso, en cada momento.

Tu amor es un refugio, mi sol y mi luna,

una esperanza eterna que siempre me acuna.
Tus manos, como alas que me llevan al cielo,
en cada caricia tuya, encuentro mi anhelo.

Eres la melodía que mi alma canta sin cesar,
cada palabra tuya, un verso que me hace soñar.
Te amo más allá de las palabras y los momentos,
en cada beso, en cada abrazo, en cada sentimiento.

En la quietud de la noche, tu amor es mi guía,
una promesa de esperanza que siempre me envía.
Tus ojos, dos estrellas que iluminan mi sendero,
en cada mirada tuya, encuentro mi lucero.

Sueño de Esperanza

En el susurro del viento, siento tu amor cercano,
una esperanza dulce que me toma de la mano.
Tus ojos, dos luceros que iluminan mi vida,
en cada mirada tuya, mi alma se siente querida.

Eres el poema que mi corazón desea escribir,
cada palabra tuya, un motivo para existir.
En cada latido, en cada suspiro sentido,
te encuentro a ti, mi amor, mi refugio querido.

Tu amor es un faro en la oscuridad,
una promesa de alegría y serenidad.
Eres la melodía que mi alma canta,
cada palabra tuya, una rima que encanta.

En cada amanecer, tu amor me despierta,
una esperanza nueva que mi alma liberta.
Tus abrazos cálidos son mi fortaleza,
en cada gesto tuyo, encuentro mi certeza.

Eres la esperanza que me guía en el camino,
cada sonrisa tuya, un rayo divino.
Te amo más allá de las palabras y el tiempo,
en cada verso, en cada momento.

Amor Infinito

Cada amanecer trae la promesa de tu amor,
una esperanza nueva que llena mi corazón.
Tus manos, como la brisa que acaricia mi ser,
en cada roce tuyo, mi alma empieza a renacer.

Eres la esperanza que me guía en el camino,
cada sonrisa tuya, un rayo divino.
Te amo más allá de las palabras y el tiempo,
en cada verso, en cada momento.

Tu amor es un refugio, mi sol y mi luna,

una esperanza eterna que siempre me acuna.
Tus manos, como alas que me llevan al cielo,
en cada caricia tuya, encuentro mi anhelo.

Eres la melodía que mi alma canta sin cesar,
cada palabra tuya, un verso que me hace soñar.
Te amo más allá de las palabras y los momentos,
en cada beso, en cada abrazo, en cada sentimiento.

En la quietud de la noche, tu amor es mi guía,
una promesa de esperanza que siempre me envía.
Tus ojos, dos estrellas que iluminan mi sendero,
en cada mirada tuya, encuentro mi lucero.

Sueños Compartidos

En tus ojos veo un futuro brillante,
un amor eterno, una luz constante.
Tus manos suaves me guían en la noche,
en cada caricia, mi corazón se desbrocha.

Eres mi esperanza en días de tormenta,
cada beso tuyo, una promesa que alimenta.
En cada latido, en cada suspiro sentido,
te encuentro a ti, mi amor, mi refugio querido.

Tu amor es un faro en la oscuridad,
una promesa de alegría y serenidad.
Eres la melodía que mi alma canta,
cada palabra tuya, una rima que encanta.

En cada amanecer, tu amor me despierta,
una esperanza nueva que mi alma liberta.
Tus abrazos cálidos son mi fortaleza,
en cada gesto tuyo, encuentro mi certeza.

Eres la esperanza que me guía en el camino,
cada sonrisa tuya, un rayo divino.
Te amo más allá de las palabras y el tiempo,
en cada verso, en cada momento.

Luz en la Oscuridad

En tus ojos, veo un faro de esperanza,
un amor eterno que mi corazón alcanza.
Tus abrazos son mi escudo en días oscuros,
en cada gesto tuyo, encuentro mis futuros.

Eres la esperanza que me guía en la tormenta,
cada sonrisa tuya, una promesa que alienta.
Te amo más allá de las palabras y el tiempo,
en cada verso, en cada momento.

Tu amor es un refugio, mi sol y mi luna,

una esperanza eterna que siempre me acuna.
Tus manos, como alas que me llevan al cielo,
en cada caricia tuya, encuentro mi anhelo.

Eres la melodía que mi alma canta sin cesar,
cada palabra tuya, un verso que me hace soñar.
Te amo más allá de las palabras y los momentos,
en cada beso, en cada abrazo, en cada sentimiento.

Si pudiera escribir en las estrellas nuestro destino,
serían constelaciones brillando en el cielo divino.
Un libro de amor, con páginas llenas de pasión y
dulzura,
una sinfonía eterna, nuestra melodía pura.

Melodía del Corazón

En la quietud de la noche, tus ojos son estrellas,
brillando en el cielo de mis sueños, tan bellas. Tu
sonrisa, un susurro que acaricia mi alma, una
melodía dulce que me trae la calma.

Eres el poema que mi corazón recita, cada palabra
tuya, una caricia infinita. En cada latido, en cada
suspiro, te encuentro a ti, mi amor, mi único
delirio.

Tu amor es un refugio, un jardín secreto, donde florecen besos y abrazos en cada rincón discreto. Eres el sol que ilumina mis días grises, la luna que guía mis noches, con sus matices.

Si pudiera escribir un libro sobre nuestro amor, serían páginas llenas de pasión y fervor. Un canto eterno a tu belleza y dulzura, una historia de amor, nuestra propia aventura.

Eres mi verso, mi rima perfecta, en la poesía de mi vida, eres la línea recta. Te amo más allá de las palabras y el tiempo, en cada poema, en cada momento.

Susurros de Amor

En el susurro del viento, siento tu amor cercano, una promesa dulce que me toma de la mano. Tus ojos, dos luceros que iluminan mi vida, en cada mirada tuya, mi alma se siente querida.

Eres el poema que mi corazón desea escribir, cada palabra tuya, un motivo para existir. En cada latido, en cada suspiro sentido, te encuentro a ti, mi amor, mi refugio querido.

Tu amor es un faro en la oscuridad, una promesa de alegría y serenidad. Eres la melodía que mi alma canta, cada palabra tuya, una rima que encanta.

En cada amanecer, tu amor me despierta, una esperanza nueva que mi alma liberta. Tus abrazos cálidos son mi fortaleza, en cada gesto tuyo, encuentro mi certeza.

Si pudiera grabar en el cielo nuestra historia, serían estrellas que brillan con inmensa gloria. Un libro de amor, con páginas llenas de pasión y ternura, una sinfonía eterna, nuestra melodía pura.

Ecos de Amor

En el susurro del viento, tu voz es melodía, que acaricia mi alma con dulzura y armonía. Tus ojos, dos estrellas que guían mi camino, en cada mirada encuentro mi destino.

Eres el poema que mi corazón ansía escribir, cada palabra tuya, un verso que me hace vivir. En cada latido, en cada suspiro sentido, te encuentro a ti, mi amor, mi refugio querido.

Tu amor es un faro en la noche más oscura, una promesa de esperanza que nunca se apura. Eres la melodía que mi alma canta sin cesar, cada verso tuyo, una historia que quiero contar.

Si pudiera pintar en el cielo nuestra historia, serían estrellas que narran nuestra gloria. Un libro de amor, con páginas llenas de pasión, una sinfonía eterna, nuestra única canción.

Entre susurros y estrellas

En el susurro de la brisa nocturna, se entrelazan nuestros suspiros como notas en una sinfonía eterna. Bajo el manto de estrellas que adornan el cielo, cada destello es un recuerdo que tejemos juntos, uniendo nuestros caminos en el tapiz del tiempo.

Tus ojos, dos luceros que guían mis pasos en la oscuridad, reflejan el universo entero con cada mirada cómplice. En tus labios encuentro el néctar del amor, palabras que se deslizan como seda sobre mi piel, susurrándome secretos que solo el corazón puede entender.

Caminamos juntos por senderos que se trenzan con risas y complicidades, cada paso marcado por la huella de nuestras promesas. En cada abrazo, el mundo se detiene y solo existe el latir sincronizado de dos corazones que laten al unísono.

En el lienzo de nuestras vidas, pintamos paisajes de ternura y pasión, colores que se mezclan en el lienzo de nuestras almas entrelazadas. No hay distancia que pueda separarnos, ni tiempo que pueda borrar los momentos vividos en la eternidad de nuestro amor.

Lágrimas de Amor

En la penumbra de mi alma, tus recuerdos son sombras que me abrazan, como espinas en el jardín de mis sueños marchitos. Tus ojos, una ventana al pasado que ya no puedo alcanzar, cada mirada tuya, un eco lejano que me hace suspirar.

Eras el poema que mi corazón susurraba en las noches solitarias, cada palabra tuya, un verso perdido en el viento del olvido. En cada latido, en

cada suspiro que se pierde en el silencio, te busco a
ti, mi amor, en cada rincón de este vacío eterno.

Tu amor fue un refugio en la tormenta, un faro en
la oscuridad, cada beso tuyo, una promesa que se
desvaneció como el rocío al amanecer. En cada
recuerdo, en cada lágrima que mi alma derrama, te
llevo conmigo, como un sueño roto que nunca se
aclama.

Si pudiera escribir en el cielo los momentos que
perdimos, serían estrellas fugaces que brillan en la
noche sin fin. Un libro de amor, con páginas llenas
de nostalgia y desencanto, una melodía triste,
nuestra canción en un adiós que no esperaba.

Cicatrices del Alma

En las cicatrices de mi alma, tus besos son
recuerdos que duelen, como espinas clavadas en el
jardín de mis sueños marchitos. Tus ojos, una
promesa de amor que se desvaneció en la bruma
del tiempo, cada mirada tuya, un destello perdido
en el horizonte olvidado.

Fuiste el poema que mi corazón escribió en las
páginas del dolor, cada palabra tuya, un verso

amargo que se desvanece en el eco del pasado. En cada latido, en cada suspiro que se pierde en la noche sin estrellas, te busco a ti, mi amor, en cada sombra que danza en el silencio eterno.

Tu amor fue un refugio en la tormenta, un faro en la oscuridad, cada beso tuyo, una promesa que se quebró como cristal en mil pedazos. En cada recuerdo, en cada lágrima que mi alma derrama en la penumbra, te llevo conmigo, como un susurro perdido en el laberinto de la melancolía.

Si pudiera escribir en el cielo los destellos de nuestra historia, serían estrellas fugaces que brillan en la noche sin fin. Un libro de amor, con páginas llenas de desencanto y resignación, una melodía triste, nuestra canción en un adiós que nunca previmos.

Rastro de Ti

En el rastro que dejaste en mi corazón, tus huellas son susurros de nostalgia, como hojas caídas en el sendero de un amor que se desvanece. Tus ojos, una mirada que aún resuena en los confines de mi alma, cada mirada tuya, un recuerdo que se desliza entre mis dedos.

Eras el poema que mi corazón escribió en la penumbra de la noche, cada palabra tuya, un verso que aún resuena en las paredes vacías. En cada latido, en cada suspiro que se pierde en la bruma del tiempo, te busco a ti, mi amor, en cada rincón de este laberinto sin salida.

Tu amor fue un refugio en la tormenta, un faro en la oscuridad, cada beso tuyo, una promesa que se desvaneció como el eco en la lejanía. En cada recuerdo, en cada lágrima que mi alma derrama en el silencio, te llevo conmigo, como un sueño que se desvanece en el amargo adiós.

Si pudiera escribir en el cielo los momentos que perdimos, serían estrellas fugaces que brillan en la noche sin fin. Un libro de amor, con páginas llenas de despedida y resignación, una melodía triste, nuestra canción en un adiós que nunca imaginé.

Sueño Extraño

En los recovecos de mis sueños, te encuentro perdida, una sombra familiar que me llena de extrañeza y vida. Tus ojos, dos ventanas hacia un universo desconocido, en cada mirada encuentro un misterio que me ha cautivado.

Eres el poema que mi mente dibuja en la noche, cada palabra tuya, un enigma que despierta mi derroche. En cada latido, en cada suspiro que se desliza en la penumbra, te busco a ti, mi amor, en cada rincón donde la realidad se derrumba.

Tu amor es un laberinto donde me pierdo y me encuentro, cada beso tuyo, una incógnita que mi corazón desentraña con empeño. En cada recuerdo, en cada sueño que se convierte en pesadilla, te llevo conmigo, como un enigma que me fascina y martiriza.

Si pudiera descifrar en el cielo las estrellas que nos unen, serían constelaciones que dibujan nuestra conexión sin rumbo. Un libro de amor, con páginas llenas de enigmas y revelaciones, una melodía extraña, nuestra canción en un universo de sensaciones

Melancolía de tus Besos

En la oscuridad de la noche, busco el calor de tus besos perdidos, como estrellas fugaces que se desvanecen en el frío de mis sueños. Tus labios, un recuerdo que me atormenta y me consuela, cada roce tuyo, una promesa rota que se desliza entre mis dedos.

Eras el poema que mi corazón entonaba en las noches de soledad, cada palabra tuya, un verso que se deshizo en el eco del olvido. En cada latido, en cada suspiro que se pierde en el silencio, te busco a ti, mi amor, en cada sombra que danza en la penumbra.

Tu amor fue un faro en la tormenta, una luz en la oscuridad más densa, cada beso tuyo, una promesa que se desvaneció como el vapor del amanecer. En cada recuerdo, en cada lágrima que mi alma derrama en secreto, te llevo conmigo, como un sueño que se desvanece en el abismo del tiempo.

Si pudiera escribir en el cielo los susurros de nuestra historia perdida, serían estrellas que brillan con la intensidad de lo que fuimos. Un libro de amor, con páginas llenas de dolor y nostalgia, una melodía triste, nuestra canción en un adiós que aún duele en mi corazón.

Ecos del Olvido

En el eco distante de tus palabras, encuentro la sombra de lo que éramos, como hojas marchitas que el viento arrastra hacia un mañana incierto.

Tus ojos, dos faros que se apagan en el horizonte de mis sueños rotos, cada mirada tuya, una pregunta sin respuesta que me atormenta en silencio.

Fuiste el poema que mi corazón escribió en las páginas del desamor, cada palabra tuya, un verso que se desvanece en el murmullo del abandono. En cada latido, en cada suspiro que se ahoga en el eco de tu ausencia, te busco a ti, mi amor, en cada rincón donde el vacío se convierte en presencia.

Tu amor fue un refugio en la tormenta, un faro en la noche más oscura, cada beso tuyo, una promesa que se desvaneció como el susurro del viento. En cada recuerdo, en cada suspiro que se pierde en la bruma del recuerdo, te llevo conmigo, como un susurro perdido en el laberinto del olvido.

Si pudiera escribir en el cielo los destellos de nuestra historia desvanecida, serían estrellas fugaces que brillan en la noche sin fin. Un libro de amor, con páginas llenas de vacíos y silencios, una melodía triste, nuestra canción en un adiós.

Sombra de tu Ausencia

En la sombra de tu ausencia, encuentro el eco de mis pasos vacíos, como huellas en la arena que el mar borra sin compasión. Tus ojos, dos ventanas hacia un pasado que se desvanece, cada mirada tuya, una promesa rota que se disuelve en el viento.

Fuiste el poema que mi corazón escribió en las noches sin estrellas, cada palabra tuya, un verso que se deshace en la bruma del desencanto. En cada latido, en cada suspiro que se pierde en el silencio abrumador, te busco a ti, mi amor, en cada rincón donde la soledad se vuelve compañía.

Tu amor fue un refugio en la tempestad, una luz en la oscuridad más densa, cada beso tuyo, una promesa que se desvaneció como el reflejo en el agua. En cada recuerdo, en cada lágrima que mi alma derrama en secreto, te llevo conmigo, como un eco que resuena en las paredes del olvido.

Lamentos del Corazón

En los lamentos de mi corazón, encuentro el eco de tu nombre, como un susurro en la noche que se pierde en el viento. Tus manos, un recuerdo que se desvanece en la niebla del tiempo, en cada gesto tuyo, siento la distancia que nos separa sin remedio.

Eras mi refugio en la tormenta, mi paz en la tempestad más fiera, cada beso tuyo, una promesa que se desvaneció en el silencio del olvido. En cada latido, en cada suspiro que se pierde en el vacío del alma, te busco a ti, mi amor, en cada rincón donde la esperanza se desvanece.

Tu amor fue un faro en la noche más oscura, una luz en el abismo, cada palabra tuya, un eco que resuena en los confines de mi ser. En cada recuerdo, en cada lágrima que mi alma derrama en secreto, te llevo conmigo, como un susurro perdido en el laberinto del destino.

Si pudiera escribir en el cielo los destellos de nuestra historia fugaz, serían estrellas fugaces que brillan con la intensidad de lo que fuimos. Un libro de amor, con páginas llenas de despedidas y promesas rotas, una melodía triste, nuestra canción en un adiós que aún se escucha en el eco del universo.

Amor no correspondido

En mis sueños te encuentro, amor no correspondido,

tu mirada esquiva, un abismo en el que he caído.
Tus palabras, dulces mentiras, son dagas en mi
piel,
te amo en silencio, un amor imposible, cruel.

Cada gesto tuyo me llena de esperanza vana,
pero en tu corazón, mi amor no encuentra
ventana.
Te miro desde lejos, en silencio te admiro,
y en este dolor, cada día más me lastimo.

Separación

Nos separamos, amor, como dos ríos en desvío,
la distancia es un vacío que en mi pecho anida frío.
Tu ausencia es un tormento que no logro superar,
en cada amanecer, mi alma te vuelve a buscar.

Los recuerdos de tus besos son fantasmas que
atormentan,
y el eco de tu risa es una melodía lenta.
Sin ti, el mundo es gris, un lugar sin color,
y en cada rincón, te busco con ardor.

Pérdida

Tu partida dejó un vacío que nada puede llenar,
como un jardín sin flores, un cielo sin brillar.

Cada día sin ti es un pesar sin consuelo,
y en mi corazón, tu recuerdo es un duelo.

La muerte te llevó, dejándome en soledad,
tu ausencia es un dolor que no tiene piedad.
En mis sueños te encuentro, en mis lágrimas te
lloro,
y en cada suspiro, tu nombre imploro.

Soledad

Aunque rodeado de gente, mi corazón está solo,
en esta soledad, tu ausencia es mi dolo.
Cada risa ajena es un eco lejano,
y en esta tristeza, busco tu mano.

La vida sin ti es un mar sin horizonte,
y en cada ola, tu recuerdo me monte.
En esta soledad, mi alma te extraña,
y en cada suspiro, tu amor se me empaña.

Esperanza rota

Prometiste un futuro lleno de luz y amor,
pero tus promesas se fueron, dejando solo dolor.
Los sueños que compartimos son cenizas del ayer,
y en cada lágrima, tu ausencia puedo ver.

La esperanza rota es un abismo sin fin,
y en este dolor, mi corazón sin ti.
Cada día es un recuerdo de lo que no será,
y en esta tristeza, mi alma no descansará.

Recuerdos dolorosos

Los recuerdos de nuestro amor son dagas en mi
mente,
cada momento juntos, ahora se siente ausente.
El pasado es un tormento que no logro olvidar,
y en cada lágrima, tu rostro veo brillar.

El tiempo no cura las heridas del corazón,
y en este dolor, busco tu perdón.
Los recuerdos dolorosos son sombras del ayer,
y en cada suspiro, tu amor quiero tener.

Anhelo

Te anhelo en cada suspiro, en cada latido,
tu ausencia es un vacío que me tiene perdido.
Deseo tu presencia, tu amor, tu calor,
y en cada día sin ti, mi alma siente dolor.

El anhelo de tu amor es un fuego que no cesa,
y en esta tristeza, tu nombre me pesa.
Te busco en cada rincón, en cada sombra,
y en este deseo, mi corazón se asombra.

Despedida

Te despedí con lágrimas, un adiós que duele,
en cada suspiro, tu ausencia me duele.
El adiós definitivo es un abismo sin fin,
y en esta tristeza, mi alma sin ti.

Cada día es un recordatorio de tu partida,
y en cada lágrima, tu amor se me olvida.
La despedida es un dolor que no tiene final,
y en cada suspiro, tu nombre es mi mal.

Susurros del Alma

En el jardín secreto de tu mirada,
donde los sueños florecen sin temor,
encuentro refugio, dulce amada,
en el cálido abrazo de tu amor.

Tus palabras son susurros del alma,
una melodía que calma mi ser,
en tu sonrisa hallo la calma,
y en tu abrazo, el eterno querer.

Eterno Amanecer

Eres el sol que ilumina mis días,
la luna que guía mis noches sin fin,
en tus brazos encuentro alegrías,
y en tus labios, el sabor del jazmín.

Contigo, amor, cada día es un sueño,
un eterno amanecer sin final,
en tu corazón hallé mi pequeño
rincón de amor puro y celestial.

Río de Pasión

Nuestro amor es un río caudaloso,
un torrente de pasión sin fin,
en su curso, todo es hermoso,
desde el principio hasta el confín.

Latidos Compartidos

En el compás de tus latidos
encuentro la razón de mi existir,
dos almas en un solo latir,
dos corazones, destinos unidos.

Tus caricias son versos divinos,
escritos con pasión y verdad,
nuestro amor, sin falsos caminos,
es un canto de pura bondad.

Cielo en Tus Ojos

En tus ojos, mi amor, veo el cielo,
un universo lleno de estrellas y sueños,
con cada parpadeo, un destello
que ilumina mis días pequeños.

Ecos de Ternura

Tus palabras son ecos de ternura,
resonando en mi corazón sin cesar,
cada nota es una dulce locura,
una sinfonía que me hace vibrar.

Viento de Amor

Eres el viento que acaricia mi piel,
la brisa que me envuelve con amor,
en tu aliento siento el dulce laurel,
en tu abrazo, encuentro mi calor.

Amor Prohibido

Aunque nuestro amor sea prohibido,
en tus brazos encontré mi hogar,
cada beso es un sueño vivido,
una llama que nunca dejará de brillar.

Estrella Fugaz

Eres mi estrella fugaz en la noche,
un destello que ilumina mi oscuridad,
en tu luz encontré mi derroche,
mi camino, mi verdad.

Susurros en la Noche

En la quietud de la noche oscura,
tus susurros son melodías de amor,
cada palabra, una aventura,
cada gesto, un ardor.

Amanecer Contigo

Despertar contigo es un regalo divino,
un amanecer lleno de promesas y luz,
en tu sonrisa encuentro mi destino,
en tu abrazo, mi cruz.

Corazón Valiente

Tu amor me ha dado un corazón valiente,
capaz de enfrentar cualquier temor,
en tus ojos veo un amor candente,
una llama de eterno ardor.

Mar de Emociones

Navegar en el mar de tus emociones
es perderse en un océano de paz,
cada ola, una marea de sensaciones,
cada caricia, un abrazo fugaz.

Bajo las Estrellas

Bajo las estrellas, nuestros sueños vuelan,
cada deseo es un beso al viento,
en tu mirada, mis temores se disuelven,
y en tu amor, encuentro mi aliento.

Jardín de Amores

En el jardín de nuestro amor florecen
mil y una flores de pasión y ternura,
cada pétalo es un deseo que crece,
cada aroma, una dulzura pura.

Fuego y Hielo

Nuestro amor es fuego y hielo,
una danza de extremos sin igual,
en tu abrazo, encuentro el consuelo,
en tu beso, el ardor celestial.

Latidos Eternos

Nuestros corazones laten al unísono,
una melodía de amor inmortal,
cada latido es un sueño divino,
cada suspiro, un cantar celestial.

Destino Compartido

El destino nos unió en este viaje,
dos almas que se encontraron sin más,
en tu amor hallé mi coraje,
en tu vida, mi paz.

Luz de tu Alma

Tu alma es una luz que me guía,
un faro en la tormenta de la vida,
en tu amor encuentro la alegría,
y en tu ser, la razón de mi partida.

Suspiro de Amor

Eres el suspiro que escapa en la noche,
el aliento que da vida a mi ser,
en tu amor encontré mi derroche,
mi principio y mi amanecer.

Caminos Unidos

Nuestros caminos se unieron un día,
en un cruce de destinos y amor,
desde entonces, mi vida es poesía,
y mi corazón, un canto en tu honor.

Amor Sagrado

Nuestro amor es un templo sagrado,
donde cada beso es una oración,
en tus brazos hallé mi amado
refugio, mi eterna devoción.

Mirada Infinita

En tu mirada infinita encontré
un universo de sueños y verdad,
cada parpadeo es un renacer,
cada instante, una eternidad.

Susurros del Corazón

Tus susurros son notas de un canto,
una melodía que en mi corazón vive,
en tu amor encontré mi encanto,
mi razón, mi fuerza, mi dique.

Mariposa de Amor

Eres la mariposa que revolotea,
embelleciendo mi mundo sin fin,
cada caricia tuya, una idea
de un amor puro y sin confín.

Ecos de tu Risa

Tu risa es el eco que me envuelve,
una melodía que alegra mi ser,
en tu amor encontré el relieve,
en tu corazón, mi amanecer.

Sendero de Luz

Tu amor es un sendero de luz,
una guía en la oscuridad,
en tu abrazo encuentro la paz,
y en tu beso, la eternidad.

Raíces de Amor

Nuestro amor tiene raíces profundas,
creciendo fuerte en la adversidad,
en tu corazón hallé mis respuestas,
y en tu vida, mi felicidad.

Sueño Compartido

Contigo, amor, comparto mis sueños,

cada anhelo es un suspiro en tu piel,

en tus brazos hallo mis empeños,

en tu corazón, mi miel.

Ecos del Corazón

En la vasta inmensidad de tu mirada,

me pierdo y encuentro un universo sin fin,

cada parpadeo es una estrella estrellada,

cada sonrisa, un resplandor sin fin.

Tu voz es un eco en mi corazón,

una melodía que nunca cesa,

cada palabra es una razón,

cada susurro, una promesa.

Contigo, el tiempo pierde su sentido,

cada segundo es una eternidad,

en tus brazos, el miedo es desmentido,

y hallo mi verdad.

Tus caricias son suaves como el viento,

un toque que enciende mi piel,

en tu abrazo encuentro mi aliento,

en tu amor, mi anhelo fiel.

Eres el sol que ilumina mis días,

la luna que guía mis noches sin fin,

en tus brazos hallo alegrías,

y en tus labios, el sabor del jazmín.

Contigo, amor, cada día es un sueño,

un eterno amanecer sin final,

en tu corazón hallé mi pequeño

rincón de amor puro y celestial.

Tus besos son dulces como miel,

una caricia suave y sincera,

en tus labios hallo mi piel,

en tu amor, mi primavera.

Nuestros corazones laten al unísono,

una melodía de amor inmortal,

cada latido es un sueño divino,

cada suspiro, un cantar celestial.

Amanecer Contigo

Despertar contigo es un regalo divino,

un amanecer lleno de promesas y luz,

en tu sonrisa encuentro mi destino,

en tu abrazo, mi cruz.

Tu amor me ha dado un corazón valiente,

capaz de enfrentar cualquier temor,

en tus ojos veo un amor candente,

una llama de eterno ardor.

Navegar en el mar de tus emociones

es perderse en un océano de paz,

cada ola, una marea de sensaciones,

cada caricia, un abrazo fugaz.

Bajo las estrellas, nuestros sueños vuelan,

cada deseo es un beso al viento,

en tu mirada, mis temores se disuelven,

y en tu amor, encuentro mi aliento.

En el jardín de nuestro amor florecen

mil y una flores de pasión y ternura,

cada pétalo es un deseo que crece,

cada aroma, una dulzura pura.

Nuestro amor es fuego y hielo,

una danza de extremos sin igual,

en tu abrazo, encuentro el consuelo,

en tu beso, el ardor celestial.

Nuestros corazones laten al unísono,

una melodía de amor inmortal,

cada latido es un sueño divino,

cada suspiro, un cantar celestial.

Juntos desafiamos el tiempo,

nuestros corazones laten al compás,

este amor es un sentimiento

que ni la eternidad borrará jamás.

Nuestro amor es un fuego eterno,

una llama que nunca se apaga.

Eterno Abrazo

En el jardín secreto de tu mirada,

donde los sueños florecen sin temor,

encuentro refugio, dulce amada,

en el cálido abrazo de tu amor.

Tus palabras son susurros del alma,

una melodía que calma mi ser,

en tu sonrisa hallo la calma,

y en tu abrazo, el eterno querer.

Tus ojos son espejos del cielo,

reflejando la pureza de tu corazón,

en ellos veo un amor sin recelo,

una pasión sin comparación.

Tus caricias son suaves como plumas,

una brisa que enciende mi piel,

en tu abrazo encuentro mi cuna,

en tu amor, mi anhelo fiel.

Eres el sol que ilumina mis días,

la luna que guía mis noches sin fin,

en tus brazos hallo alegrías,

y en tus labios, el sabor del jazmín.

Contigo, amor, cada día es un sueño,

un eterno amanecer sin final,

en tu corazón hallé mi pequeño

rincón de amor puro y celestial.

Tus besos son dulces como miel,

una caricia suave y sincera,

en tus labios hallo mi piel,

en tu amor, mi primavera.

Nuestros corazones laten al unísono,

una melodía de amor inmortal,

cada latido es un sueño divino,

cada suspiro, un cantar celestial.

Susurros de la Noche

En la quietud de la noche oscura,

tus susurros son melodías de amor,

cada palabra, una aventura,

cada gesto, un ardor.

Tus caricias son suaves como el viento,

un toque que enciende mi piel,

en tu abrazo encuentro mi aliento,

en tu amor, mi anhelo fiel.

Eres el sol que ilumina mis días,

la luna que guía mis noches sin fin,

en tus brazos hallo alegrías,

y en tus labios, el sabor del jazmín.

Contigo, amor, cada día es un sueño,

un eterno amanecer sin final,

en tu corazón hallé mi pequeño

rincón de amor puro y celestial.

Tus besos son dulces como miel,

una caricia suave y sincera,

en tus labios hallo mi piel,

en tu amor, mi primavera.

Nuestros corazones laten al unísono,

una melodía de amor inmortal,

cada latido es un sueño divino,

cada suspiro, un cantar celestial.

Juntos desafiamos el tiempo,

nuestros corazones laten al compás,

este amor es un sentimiento

que ni la eternidad borrará jamás.

Nuestro amor es un fuego eterno,

una llama que nunca se apaga,

en el invierno, un calor tierno,

en la tormenta, la dulce calma.

Suspiros del Amanecer

Eres el suspiro que escapa en la noche,

el aliento que da vida a mi ser,

en tu amor encontré mi derroche,

mi principio y mi amanecer.

Tus caricias son suaves como el viento,

un toque que enciende mi piel,

en tu abrazo encuentro mi aliento,

en tu amor, mi anhelo fiel.

Eres el sol que ilumina mis días,

la luna que guía mis noches sin fin,

en tus brazos hallo alegrías,

y en tus labios, el sabor del jazmín.

Contigo, amor, cada día es un sueño,

un eterno amanecer sin final,

en tu corazón hallé mi pequeño

rincón de amor puro y celestial.

Tus besos son dulces como miel,

una caricia suave y sincera,

en tus labios hallo mi piel,

en tu amor, mi primavera.

Nuestros corazones laten al unísono,

una melodía de amor inmortal,

cada latido es un sueño divino,

cada suspiro, un cantar celestial.

Juntos desafiamos el tiempo,

nuestros corazones laten al compás,

este amor es un sentimiento

que ni la eternidad borrará jamás.

Nuestro amor es un fuego eterno,

una llama que nunca se apaga,

en el invierno, un calor tierno,

en la tormenta, la dulce calma.

Luz y Sombra

Eres mi luz en la oscuridad,

un faro que guía mi camino,

en tu amor encontré mi verdad,

mi destino y mi divino.

Tus caricias son suaves como el viento,

un toque que enciende mi piel,

en tu abrazo encuentro mi aliento,

en tu amor, mi anhelo fiel.

Eres el sol que ilumina mis días,

la luna que guía mis noches sin fin,

en tus brazos hallo alegrías,

y en tus labios, el sabor del jazmín.

Contigo, amor, cada día es un sueño,

un eterno amanecer sin final,

en tu corazón hallé mi pequeño

rincón de amor puro y celestial.

Tus besos son dulces como miel,

una caricia suave y sincera,

en tus labios hallo mi piel,

en tu amor, mi primavera.

Nuestros corazones laten al unísono,

una melodía de amor inmortal.

Poema de Agradecimiento para la chica que amo.

En el rincón más profundo de mi corazón,
donde florecen los sueños y la emoción,
reside un sentimiento puro y verdadero,
un amor que contigo halló su sendero.

Luz de mis días y mi sol,
gracias por inspirarme, alma de mi farol.
Tu amor ha sido mi guía y mi razón,
en cada verso, palpita tu dulce canción.

Tu nombre bordado en cada página de este libro,
testimonio eterno de un amor que es único.
Con gratitud infinita, te dedico estas palabras,
porque en tu amor encontré mis alas.

En cada línea de este sueño hecho realidad,
tu presencia brilla como la más pura estrella.

Gracias por ser mi musa, mi inspiración sin fin,
en mi corazón, siempre serás mi jardín.

Sobre el Autor

José Daniel Martínez Peña nació con una pasión innata por las palabras y una habilidad para capturar la esencia de las emociones humanas a través de la poesía. José ha dedicado gran parte de su vida a explorar los sentimientos más profundos y a transformarlos en versos que resuenan con lectores de todas las edades.

José se especializa en la poesía romántica, encontrando inspiración en las experiencias de amor y desamor, así como en las pequeñas cosas de la vida cotidiana que tocan el alma. Su Segunda obra, "Besos En poesía Poemas para la chica que amo, ha tocado los corazones de muchos, reflejando su propia historia de amor y dedicación.

Además de su pasión por la escritura, José también tiene interés en la tecnología y la seguridad informática, lo que le ha permitido combinar su amor por las letras con una mente analítica y curiosa. Actualmente, José continúa escribiendo y trabajando en nuevos proyectos literarios desde su hogar, donde vive con su fiel compañero canino y una biblioteca que nunca deja de crecer.

Con cada poema, José espera no solo compartir sus sentimientos, sino también inspirar a otros a encontrar la belleza y la poesía en sus propias vidas.

Próximamente

¡Mantente atento para el próximo libro de José Daniel!